害羞的小紅豆

欣賞自己

新雅文化事業有限公司
www.sunya.com.hk

小跳豆做最好的自己故事系列

培養積極樂觀的正向性格，讓孩子快樂地成長！

擁有正向性格的孩子，會願意主動探索新事物和迎接挑戰。因此，培養幼兒樂觀積極的正向態度非常重要。

《小跳豆做最好的自己故事系列》共10冊，分別由10位性格不同的豆豆好友團團員擔當主角。孩子透過他們的經歷，可以進一步認識自己、了解他人，嘗試明白並接納不同人的性格特點，學習以正向的態度發揮所長、擁抱自己的不完美，以及面對各種困難，積極樂觀地成長。

豆豆好友團介紹

跳跳豆

糖糖豆

哈哈豆

小紅豆

皮皮豆

胖胖豆

力力豆

博士豆

火火豆

脆脆豆

齊來認識本冊的主角吧！

小紅豆

- 害羞的女孩
- 容易臉紅
- 溫柔細心

新雅・點讀樂園 升級功能

　　本系列屬「新雅點讀樂園」產品之一，若配備新雅點讀筆，爸媽和孩子可以使用全書的點讀和錄音功能，聆聽粵語朗讀故事、粵語講故事和普通話朗讀故事，更可錄下爸媽和孩子的聲音來說故事，增添親子閱讀的趣味！

　　家長如欲另購新雅點讀筆，或想了解更多新雅的點讀產品，請瀏覽新雅網頁(www.sunya.com.hk)。

如何使用新雅點讀筆閱讀故事？

1. 下載本故事系列的點讀筆檔案

1 瀏覽新雅網頁(www.sunya.com.hk) 或掃描右邊的QR code 進入 新雅・點讀樂園 。

2 點選 下載點讀筆檔案 ▶ 。

3 依照下載區的步驟說明，點選及下載《小跳豆做最好的自己故事系列》的點讀筆檔案至電腦，並複製至新雅點讀筆的「BOOKS」資料夾內。

2. 啟動點讀功能

開啟點讀筆後，請點選封面右上角的 新雅・點讀樂園 圖示，然後便可翻開書本，點選書本上的故事文字或圖畫，點讀筆便會播放相應的內容。

3. 選擇語言

如想切換播放語言，請點選內頁右上角的 粵 ⭐ 普 圖示，當再次點選內頁時，點讀筆便會使用所選的語言播放點選的內容。

4. 播放整個故事

如想播放整個故事，請直接點選以下圖示：

5. 製作獨一無二的點讀故事書

爸媽和孩子可以各自點選以下圖示，錄下自己的聲音來說故事！

1️⃣ 先點選圖示上 爸媽錄音 或 孩子錄音 的位置，再點 OK，便可錄音。

2️⃣ 完成錄音後，請再次點選 OK，停止錄音。

3️⃣ 最後點選 ▶ 的位置，便可播放錄音了！

4️⃣ 如想再次錄音，請重複以上步驟。注意每次只保留最後一次的錄音。

小紅豆是個害羞的女孩子，
但她身上的紅色卻很搶眼。
小紅豆害怕被別人說她「面紅紅」，
也不喜歡在跟豆豆們玩捉迷藏時，
總是第一個被找到。

小紅豆想改變自己的外貌，
於是，她嘗試曬日光浴改變自己的
膚色。

她又嘗試泡在綠茶雪糕之中⋯⋯
希望能染上不同的顏色。

最後，小紅豆乾脆披上一件
薄薄的、黃黃的外衣，
但她發現無論怎樣做，
也改變不了自己的外貌！
自己根本就是一粒小紅豆呀！
小紅豆很失望呀！

小紅豆來到公園，
欣賞她最喜歡的花兒。
突然，她聽見一把聲音：
「看！是小紅豆呀！」

原來跳跳豆、博士豆、哈哈豆和
胖胖豆在公園裏拍照。
跳跳豆遠遠便看見小紅豆了！

豆豆們邀請小紅豆一起玩耍。
跳跳豆玩得滿頭大汗，
小紅豆給了他一條小手帕。

胖胖豆跑得太快了，
小紅豆提醒他前面有很多小石子。

哈哈豆太累了，
他想坐到草地上去休息，
但他沒發現身下有一朵小花。
細心的小紅豆趕緊告訴哈哈豆。

是時候回家了，
豆豆們來個大合照。
大家笑一個！
「咔嚓！」

「看！我們有綠色的、咖啡色的、
黑色的，也有紅色的！
各有不同，合起來多漂亮！」
跳跳豆說。

「是啊，我們一起笑得多好看。
小紅豆的笑容最甜美呢！」
胖胖豆說。

小紅豆看着照片中的自己，
想了想：
「看來做一粒紅紅的、
甜甜的小紅豆也不錯呢！」

小跳豆做最好的自己故事系列

害羞的小紅豆

作者：新雅編輯室
繪圖：李成宇
策劃：黃花窗
責任編輯：黃偲雅
美術設計：劉麗萍
出版：新雅文化事業有限公司
香港英皇道499號北角工業大廈18樓
電話：（852）2138 7998
傳真：（852）2597 4003
網址：http://www.sunya.com.hk
電郵：marketing@sunya.com.hk
發行：香港聯合書刊物流有限公司
香港荃灣德士古道220-248號荃灣工業中心16樓
電話：（852）2150 2100
傳真：（852）2407 3062
電郵：info@suplogistics.com.hk
版次：二〇二三年六月初版